ATRÉVETE A DISCIPLINAR
ESTUDIO BÍBLICO
RESPUESTAS A LAS PREGUNTAS MÁS DIFÍCILES

DR. JAMES DOBSON

desarrollado con Nic Allen

LifeWay Press®
Nashville, Tennessee

Published by LifeWay Press®
© 2015 Siggie, LLC

Ninguna parte de este libro puede ser reproducida o copiada, bien sea de manera electrónica o mecánica, incluyendo fotocopias, grabaciones, digitalización y/o archivo de imágenes electrónicas, excepto cuando se autorice por la Editorial. Las solicitudes de permisos para realizar reproducciones o copias deben hacerse por escrito y enviarse a: LifeWay Press®, One LifeWay Plaza, Nashville, TN 37234-0135.

ISBN: 978-1-4300-4273-0
Ítem: 005751482

Clasificación nacional Dewey: 649
Subdivisión: CRIANZA DE NIÑOS \ DESARROLLO INFANTIL \ RELACIÓN PADRES-HIJOS

A menos que se indique lo contrario, todas las citas bíblicas se han tomado de la Santa Biblia, Versión Reina Valera 1960, propiedad de las Sociedades Bíblicas en América Latina, publicada por Broadman & Holman Publishers, Nashville, TN. Usada con permiso.

Para ordenar copias adicionales escriba a LifeWay Resources Customer Service, One LifeWay Plaza, Nashville, TN 37234-0113; FAX (615) 251-5933; teléfono 1-800-257-7744 ó envíe un correo electrónico a customerservice@lifeway.com. Le invitamos a visitar nuestro portal electrónico en www.lifeway.com/espanol donde encontrará otros muchos recursos disponibles. También puede adquirirlo u ordenarlo en la librería LifeWay de su localidad o en su librería cristiana favorita.

Printed in the United States of America

Multi-Language Publishing, LifeWay Resources, One LifeWay Plaza, Nashville, TN 37234-0135

Índice

Acerca del autor. 4

Cómo usar este estudio 5

Recomendaciones para grupos 6

Introducción. 7

SEMANA 1
Protege la puerta 9

SEMANA 2
El sol siempre se pone 21

SEMANA 3
Escoge tu batalla con el fin en mente. 33

SEMANA 4
Caminar dignamente. 45

Aprendizajes clave 57

Notas para el líder 58

Presentando Cristo a tu niño 60

Acerca del autor

DR. JAMES DOBSON es el fundador y presidente de *Family Talk*, una organización sin fines de lucro que produce su programa de radio, *Dr. James Dobson's Family Talk*. Él es el autor de más de 50 libros dedicados a la preservación de la familia, incluyendo *The New Dare to Discipline; Love for a Lifetime; Life on the Edge; Love Must be Tough; The New Strong-Willed Child; When God Doesn't Make Sense; Bringing Up Boys; Bringing Up Girls; Head Over Heels;* y, recientemente, *Dr. Dobson's Handbook of Family Advice*.

El Dr. Dobson sirvió como profesor clínico asociado de pediatría en la Escuela de Medicina de la Universidad del Sur de California por catorce años y fue parte del personal médico del Hospital de Niños de Los Ángeles por diecisiete años en las divisiones de Desarrollo de la Niñez y Medicina Genética. Ha estado activo en asuntos gubernamentales y ha asesorado a tres presidentes de los Estados Unidos en asuntos de familia.

Obtuvo su doctorado de la Universidad del Sur de California (1967) en desarrollo de la niñez y ostenta dieciocho grados doctorales honorarios. En 2009 fue exaltado al Salón de la fama de la radio nacional en Estados Unidos.

El Dr. Dobson y su esposa Shirley, residen en Colorado Springs, Colorado, EE.UU. Tienen dos hijos adultos, Danae y Ryan, y dos nietos.

NIC ALLEN ayudó con el desarrollo del currículo para este estudio. Después de pasar diez años en el ministerio de estudiantes, Nic pasó a ser el pastor de familia y niños en la iglesia Rolling Hills Community Church en Franklin, Tennessee, EE.UU. Nic ha escrito para varios estudios bíblicos para LifeWay, incluyendo *Courageous, Facing the Giants,* y *Flywheel*. Nic y su esposa, Susan, tienen tres hijos: Lillie Cate, Nora Blake y Simon.

Cómo usar este estudio

Las cuatro sesiones de este estudio pueden ser usadas semanalmente o durante un retiro de fin de semana. Pero recomendamos que antes de adentrarse en este material, veas el video, *Atrévete a disciplinar* de la serie de Dr. James Dobson: *Construyendo un legado familiar*. Esto establecerá el fundamento para tu estudio.

Este material ha sido escrito para tener una experiencia de grupos pequeños, para ti y tu cónyuge, o para tu estudio personal.

Una opción para extender o concluir este estudio es que tu grupo vea el video *Tu legado* de la serie de Dr. James Dobson: *Construyendo un legado familiar*.

CONECTA: La sección introductoria en cada sesión te invita y te motiva a conectar con el tópico de la sesión y con otros en tu grupo.

MIRA: El DVD del estudio contiene cuatro videos que incluyen una introducción por Ryan Dobson y segmentos de una charla por Dr. James Dobson.

PARTICIPA: Esta sección es el enfoque principal de cada reunión de grupo semanal. Tú y los demás participantes van a profundizar más en las verdades de las Escrituras y en la discusión de preguntas que le acompañan. Esta sección incluye también una parte de resumen, la cual concluye la sesión grupal y dirige a la sección de reflexión.

REFLEXIONA: Esta sección de estudio para el hogar te ayuda a penetrar más en la Palabra y a aplicar las verdades que estás aprendiendo. Profundiza en tu estudio cada semana al leer los capítulos sugeridos en el libro *The New Dare to Discipline* y completar las actividades al final de cada sesión.

Recomendaciones para grupos

Aunque puedes completar este estudio solo, te vas a beneficiar grandemente si estudias este material con tu cónyuge o con la interacción de un grupo pequeño. Estas son algunas maneras de cómo puedes cultivar una experiencia valiosa mientras participas en este estudio.

PREPARACIÓN: Para maximizar el tiempo de grupo, lee todo el estudio de cada semana y contesta las preguntas por anticipado, de modo que estés listo para discutir el material. No permitas en tu grupo que una o dos personas carguen con toda la responsabilidad de conversar y participar. Todos pueden, y deberían, intervenir y contribuir.

CONFIDENCIALIDAD: En el estudio, se te invitará a compartir pensamientos, sentimientos y experiencias personales. Acepta a otros en el lugar donde estén sin juzgarlos. Muchos de los desafíos que se discutan serán privados. Estos deben permanecer en estricta confidencialidad por parte del grupo.

RESPETO: Los participantes deben respetar los pensamientos y opiniones de cada cual, proveyendo un lugar seguro para compartir estas ideas sin temor al juicio, la crítica o consejos no solicitados (incluyendo sugerencias, sermones, instrucciones y "soluciones" fáciles y rápidas de las Escrituras). Abandona tu actitud de "arregla todo", para que puedas simplemente escuchar. Si se pide un consejo, entonces está bien presentar tu opinión, sazonada con gracia y ofrecida con amor.

RESPONSABILIDAD: Cada semana, los participantes serán desafiados acerca de la crianza de sus niños. Comprométanse a apoyarse y a motivarse mutuamente durante las sesiones y a orar los unos por otros en su propio tiempo entre sesión y sesión.

Introducción

¿Te has detenido a pensar en todos los roles que tienes como padre o madre?

Ahí está tu rol como entrenador cuando te ofreces de voluntario para literalmente hacer el papel de técnico de fútbol o instructor de bateo, pero también el papel figurativo que usas cuando enseñas a tus niños el uso de cosas como el baño, los buenos modales, o cómo usar los frenos de mano en la bicicleta. También tienes la función del paramédico cuando respondes a toda clase de golpes y rasguños, y pero también cuando atiendes los daños internos y personales cuando a tu hijo o hija le hieren sus sentimientos o le rompen el corazón. Ahí está el papel de director ejecutivo que usas cuando administras los recursos diarios, las finanzas, y programas todo lo necesario para ejecutar el conglomerado de cosas que conforman la vida de tus hijos.

Esta metáfora podría continuar por largo rato, pero ya captas la idea. Como padre de un niño de cualquier edad, asumes una creciente serie de tareas enormes. Considera la cantidad de tiempo que cada una de estas ocupaciones requieren: entrenador, paramédico y director.

Antes de ser padre, posiblemente estabas bien preparado y sabías que uno de los papales más importantes que tendrías en cada etapa del desarrollo de tu niño sería el de disciplinario. Sin embargo, es posible que subestimaste la extensa cantidad de tiempo que requeriría esta función. Hay disciplina que incorporar en cada decisión que tomas, en cada incidente y en cada oportunidad que se te da como padre. Desafortunadamente, la disciplina por sí misma, es un término bastante malinterpretado.

La disciplina es tanto un sustantivo como un verbo. Como sustantivo, disciplina se define como "el control que se obtiene al requerir que se cumplan reglas u órdenes y al castigar el mal comportamiento".[1] Como verbo, disciplina se define como "castigar (a alguien) como una manera de asegurar que se obedezcan reglas u órdenes".[2]

En cierto modo, asociamos la disciplina, solo con el castigo. Pero es mucho más que eso. Uno utiliza disciplina, el verbo, para obtener la disciplina (sustantivo). Tú debes disciplinar a tu niño para que él o ella lleguen a ser disciplinados. Tanto el sustantivo como el verbo son esenciales para la crianza de los niños.

Hoy, la disciplina bíblica verdadera está bajo ataque. Es una especie en peligro de extinción en la crianza de niños. Algunas filosofías modernas —aunque a veces vacías e inútiles—, te dicen que disciplinar de acuerdo a la Palabra de Dios daña a un niño psicológicamente, cuando en realidad, es exactamente lo opuesto. Más bien, es la falta de disciplina bíblica lo que perjudica a los niños.

Los preceptos bíblicos son eternos. No existe verdad en las Escrituras que después de funcionar por miles de años no funcione ahora. Los conceptos inspirados en las Escrituras han sido pasados de generación en generación y son tan válidos en el siglo veintiuno como lo fueron para nuestros ancestros.

Estás participando en este estudio porque quieres criar a tus niños bien. Para desarrollar niños saludables, tú y yo tenemos que movernos de solo desear tener un balance perfecto entre los límites y las bendiciones, a explorar intencionalmente prácticas bíblicas basadas en la Palabra de Dios.

La meta de este estudio es exponerte al plan que Dios establece para que puedas disciplinar y discipular a tus niños de modo que estos sean lo que Él diseñó. También serás equipado para establecer un plan, que forme la voluntad de tu niño sin romper su espíritu.

La Biblia no nos da una fórmula sencilla para criar niños perfectos. Somos pecadores, y de igual manera lo son nuestros niños. Lo que la Biblia ofrece, no obstante, son guías fundamentales para nosotros como padres. Debido a que cada niño es diferente, cada ejercicio de disciplina va a ser diferente. Considera esto: a dos carpinteros se les puede entregar exactamente las mismas herramientas y aún así crear muebles completamente diferentes, ambos tan bonitos como útiles, pero al final, diferentes. Las herramientas expuestas en este estudio son exactamente eso, herramientas a usar. Depende de ti, por medio del poder de Dios, crear en tus hijos algo hermoso y útil para Él. ¡Así que manos a la obra!

1. Traducción de "Discipline," *Merriam-Webster*, [05/23/2014]. Disponible en: *www.merriam-webster.com*.
2. Ibid.

SEMANA 1
PROTEGE
LA PUERTA

CONECTA

🔴 **ANTES DE COMENZAR,** dedica tiempo para orar con tu grupo. Pídele a Dios que les enseñe cómo ser padres proactivos y amorosos con sus niños, así como Él lo es con nosotros.

Los límites están por todas partes. Los países tienen fronteras. Los patios tienen cercas. Los límites mantienen a las personas adentro y también las mantienen afuera. Muchos podrían suponer que los límites restringen la libertad. Sin embargo, considera ¿quién es más libre? ¿El cachorro que tiene un patio cercado en el cual puede jugar sin amenaza de peligros, o el perro que fue arrollado por un auto porque la puerta estaba abierta? Los límites no restringen nuestra libertad. Los límites protegen nuestra libertad.

> Haz una lista de las reglas y los límites que estuvieron presentes en tu hogar mientras crecías.

> ¿Desafiaste o te rebelaste contra esos límites? ¿Por qué? ¿Por qué no?

> ¿Sientes que esos límites fueron arbitrarios y/o controladores, o eran para tu propio beneficio?

La verdad acerca de nuestros niños, es que ellos prosperan en situaciones donde conocen y entienden los límites. Los niños afirman su sentido de seguridad al tener límites apropiados. El hecho de que ellos desafíen con frecuencia estos límites no siempre indica que no les gusten los parámetros o que las reglas sean malas. Hay ocasiones cuando un niño, por su naturaleza innata, aprieta sus pequeños puños y desafía a sus padres. Él no está motivado por frustración u hostilidad interna, como se supone frecuentemente. Él simplemente quiere saber hasta donde están marcados los límites y quién está encargado de hacerlos cumplir.

Atrévete a disciplinar

MIRA

● **MIRA EL SEGMENTO 1** en el DVD del estudio y contesta las siguientes preguntas:

> Aparte del enojo que fue mencionado, ¿qué otra cosa usas para motivar a tus niños a obedecer?

> ¿Qué significa para ti perder el control?

Algunos padres determinan que es mejor no hacer cumplir demasiadas reglas o establecer demasiados límites para sus niños. Pueden estar bajo la suposición de que estas reglas podrían ser vistas como un esfuerzo de controlar a sus niños de una manera totalitaria. En parte, esto pudiera ser debido a su propio deseo de criar de una forma diferente a como ellos fueron criados. En lugar de ser un esfuerzo por obtener control autoritario sobre los niños, la disciplina es tu mejor opción para implantar autocontrol en ellos. Esos padres pueden estar bajo la impresión de que al implantar límites, van a reprimir la energía, la creatividad y la personalidad única de su niño. Por el contrario, los límites proveen el fundamento adecuado para que cada faceta única del menor pueda desarrollarse y crecer de manera saludable.

> Si miras al pasado por un momento, ¿Qué opinas acerca de los límites (cómo se determinaron, comunicaron y se hicieron cumplir) en tu hogar mientras crecías?

> ¿Cómo estableces estos mismos límites hoy?
> ¿Has evitado establecerlos? Si es así, ¿por qué?

Vamos a examinar lo que dice la Biblia acerca de los límites y parámetros relacionados a la disciplina en el hogar. Sin una razón bíblica para la disciplina, todas las ideas y consejos probablemente no van a funcionar. A menos que sepas el "por qué" de la disciplina, el "cómo" no va a importar. El "por qué" es lo que mantiene la motivación y la determinación fuertes cuando el "cómo" resulta difícil.

PARTICIPA

- **CONTINÚA TU TIEMPO EN GRUPO** con esta guía de discusión.

El diseño de una familia de acuerdo a la misma Palabra de Dios incluye a los padres. Un hombre y una mujer vienen a ser una carne (ver Génesis 2:24) y juntos son fructíferos. Se multiplican (ver Génesis 1:28) por medio del nacimiento de sus hijos y entonces las Escrituras instruyen a este hombre y a esta mujer sobre sus funciones como padres.

- **LEE** Deuteronomio 6:1-9.

> ¿Qué explican estos versículos sobre la responsabilidad de los padres para con sus niños acerca de la fe?

El versículo 4 es conocido como el Shema. Es la declaración de fe para el pueblo de Dios —Israel— y el reconocimiento de la unicidad de Dios. A esta dimensión del carácter de Dios se le da mayor credibilidad cuando el primero de los mandamientos es una advertencia para no poner otros dioses delante de Él. Deuteronomio 6:5 explica cómo la gente debe responder a este Dios —con amor—. Cuando los padres responden a Dios en amor, enseñan a sus hijos a reproducir ese amor de Dios en la próxima generación. Multiplicarse es más que producir niños. Es producir también fe en los niños.

> ¿Qué nos dicen los versículos 1-3 sobre lo que Dios espera de Su pueblo?

El pueblo de Dios debe guardar Sus estatutos y mandamientos (versículo 2) y seguirlos (versículos 3). En el versículo 6, cuando Dios dice, "estas palabras", el lector puede asumir que Dios se refiere a todos los mandamientos y estatutos que Él comunicó en Su ley, y sobre eso, la expectativa de que las personas obedezcan estas palabras con una actitud de adoración a Él.

En los versículos 1-3, Dios le pide a Su pueblo que guarden Sus mandamientos. En el versículo 5, Dios le dice a Su pueblo que lo deben amar completamente. Jesús combina ambos en Juan 14:15 al decir, "Si

Atrévete a disciplinar

me amas, guarda mis mandamientos". El amor y la obediencia son los amigos más cercanos. Y el diseño de Dios para los padres es una relación de amor y obediencia con sus niños.

> ¿Qué significa amar a Dios y obedecer completamente Su Palabra?

● **LEE** Efesios 6:4.

> ¿Qué dice este versículo sobre el propósito de la disciplina de los padres?

Los límites y parámetros son un esfuerzo para adiestrar y enseñar. La disciplina de Dios es una parte necesaria para enseñar a los niños a obedecer al Señor. Dios espera que los padres obedezcan Sus mandamientos y que le enseñen a sus niños a hacer lo mismo.

● **LEE** Efesios 6:1-3.

> ¿Qué espera Dios de los hijos?

Efesios 6:3 clarifica la diferencia entre el quinto mandamiento en el Decálogo (el único de los Diez Mandamientos que viene con una promesa) y los mandamientos anteriores.

> De acuerdo al versículo 3, ¿cuál es la razón para que los hijos sean obedientes a sus padres?

> ¿Cómo encaja esta razón con lo que Dios le dijo a Su pueblo en Deuteronomio 6:3?

La motivación de Dios detrás de Su deseo por obediencia es para nuestro beneficio. ¡Cuán generoso es Él al establecer Su relación con la nación hebrea, les dice lo que es mejor para ellos!

Seguramente has escuchado la expresión, "Yo quiero lo que sea mejor para mis hijos". Como buen padre, probablemente tú has usado esta

Protege la puerta

expresión. El problema con esta expresión no es en sí la intención detrás de la misma, sino el significado de una de la palabra: Mejor.

¿Qué es lo mejor y quién lo decide?

Marca lo que el mundo dice que es mejor para tus niños.
- ☐ Educación
- ☐ Vida de integridad
- ☐ Oportunidades
- ☐ Popularidad
- ☐ Amigos
- ☐ Otro: _____

La obediencia al Señor te lleva a lo que es mejor para ti. Y lo mejor para tus niños es vivir en sumisión a ti, así como tú te sometes al Señor.

● **LEE** Hebreos 12:5-11.

¿Cómo están el amor y la disciplina entrelazados en este versículo?

La disciplina es lo mejor para tus niños. La disciplina subraya tu amor por ellos. La acción disciplinaria no es un asalto al amor de padres; es la prueba de este amor. El castigo apropiado no es algo que los padres hacen *a* sus niños amados; es algo que hacen *por* sus hijos.

Tú demuestras tu amor por Dios cuando le obedeces. Tú demuestras amor por tus niños cuando les pides que te obedezcan. Incluso pruebas tu amor por ellos cuando los castigas en respuesta a su desobediencia.

Nuevamente, los límites no restringen la libertad, la protegen. Establecer límites adecuados está dentro de las mejores cosas que puedes hacer por ellos. Y sí, esto es difícil en ocasiones, para ti y para tu niño. (Ver Hebreos 12:11). Probablemente todos preferiríamos una manera más fácil, pero no sería la mejor. La razón detrás de establecer límites y disciplinar a tus niños es que los amas y eso es lo mejor para ellos. Con esto como tu correcta motivación, puedes apegarte a la dura tarea de disciplinarlos según Dios establece, porque tú sabes que al final, esto lleva a un gozo mayor en la crianza.

APRENDIZAJE PARA ESTA SEMANA
• • •

- Los límites son para tu bien y el bien de tus niños.
- Lo mejor para tus niños es la disciplina de Dios de manera consistente.
- La disciplina es una indicación del amor de Dios por ti, tal como la obediencia es una indicación de tu amor por Él.

Tomando en cuenta las edades de tus niños, ¿Cómo podrías explicarles mejor la razón por la que los disciplinas?

¿Cuál sería la mejor manera de hacerles saber por qué la disciplina es una parte importante de tu amor a Dios y a ellos?

PARA CONCLUIR
• • •

OREN JUNTOS pidiendo a Dios que revele formas para establecer límites para sus niños y así mostrarles amor. Pídanle que moldee sus corazones para disciplinarlos a la manera de Dios.

> Amado Padre que disciplinas a Tus hijos con amor, gracias. Gracias por los momentos de disciplina y corrección en nuestras vidas. Ayúdanos a obedecerte como una demostración de nuestro amor por Ti. Ayúdanos a llamar a nuestros niños a la obediencia como una expresión de nuestro amor por ellos. No podemos criarlos separados de tu dirección divina, así que confiamos en Ti. En el nombre de Jesús... Amén.

REFLEXIONA

● **LEE Y COMPLETA** las actividades en esta sección antes de tu próxima reunión en grupo.

LA FE DETRÁS DE LA DISCIPLINA

Primero, la meta de la crianza es pasar la fe a tus niños.

● **LEE** Deuteronomio 6:4-9.

Considera todos los momentos que tienes durante la semana para enseñar a tus niños acerca de Dios. ¿Aprovechas cada oportunidad disponible? ¿Cómo lo haces, o por qué no lo haces?

¿Cuándo pasas el mayor tiempo ayudando a tus niños a enfocarse en Dios y a aprender de la Biblia?

Considera la siguiente tabla y las oportunidades que tienes a través del día para ser un maestro, amigo, entrenador o consejero. ¿Cuáles son otras maneras en que podrías asumir estos roles para alcanzar los objetivos que se indican?[1]

OCASIÓN	COMUNICACIÓN	ROL	META
Al cenar	Discusión formal	Maestro	Establecer valores
Al manejar	Diálogo informal	Amigo	Interpretar la vida
Al acostarse	Conversación íntima	Consejero	Edificar intimidad
Al levantarse	Palabras de aliento	Entrenador	Inculcar un propósito

Cuando pasamos tiempo con nuestros niños —divirtiéndonos y disfrutando momentos de amor y cercanía juntos— ellos se verán probablemente tentados a poner a prueba los límites. Muchas confrontaciones podrían evitarse al construir una relación de confianza con los niños y de ese modo ayudarlos a querer cooperar en el hogar.

> En una semana típica en tu hogar, llena de deberes de la escuela, el trabajo, la iglesia y otras actividades, ¿cuándo pasa más tiempo de calidad con tus niños?

Aquí hay un par de consejos para crear más de este tiempo de calidad con tus niños:

CONSEJO 1. Si estás muy ocupado, evalúa tus compromisos y considera qué podrías cortar para reenfocar tu energía familiar en Cristo y entre ustedes. Si no hay nada que pudieras reducir o eliminar, considera cómo podrías aprovechar el tiempo que dedicas a hacer otras cosas para crear más momentos divertidos y de enseñanza en el proceso.

CONSEJO 2. No te dejes atrapar preocupándote sobre la cantidad total de tiempo. Hay un concepto erróneo de que un aumento en la cantidad de tiempo que pasas con tus niños mejora automáticamente la calidad de ese tiempo. No es suficiente pasar una mayor cantidad de tiempo con ellos si ese tiempo no es estratégico o significativo.[2]

LA AUTORIDAD AMOROSA DETRÁS DE LA DISCIPLINA

● **LEE** Hebreos 12:5-11 y Proverbios 3:11-12.

La crianza efectiva es uno de los trabajos más duros que podrás tener. Criar de acuerdo a las enseñanzas de Dios se promueve raramente como

REFLEXIONA

algo fácil, pues es algo muy desafiante. Pero enfrentar estos desafíos con valor y determinación siempre vale la pena.

> **De acuerdo a Hebreos 12:10, ¿cuál es la diferencia entre la disciplina de un padre terrenal y Dios el Padre?**
>
> **De acuerdo al versículo 11, ¿cuál es el resultado deseado de la disciplina de Dios?**

Uno de los objetivos en la disciplina debe ser que tus niños sean obedientes a Dios. Tienes que preguntarte a ti mismo si tu motivación para tener niños obedientes está más orientada a lo que es conveniente para ti o lo que es agradable a Dios y, por lo tanto, mejor para ellos.

Tedd Tripp ofrece esta advertencia en su libro *Shepherding a Child's Heart*:

> Los objetivos en la crianza son a menudo no más nobles que la comodidad y la conveniencia inmediatas. Cuando los padres exigen obediencia porque están bajo presión, la obediencia de los niños se reduce a la conveniencia de los padres.[3]

Hay muchos momentos cuando ser disciplinario resulta muy difícil. No solamente es difícil porque es doloroso para los mismos niños por los que darías tu vida, sino es también desafiante porque requiere tiempo, sabiduría, energía, y compromiso. Tú no despiertas en la mañana, miras tu agenda para el día, e identificas momentos específicos para disciplinar a tus niños. Probablemente no planificas para los momentos de desobediencia; estos surgen de forma inesperada. Esto significa que necesitas estar preparado para cuando ocurran.

Hablando en términos generales, tus niños vinieron a este mundo con una inclinación innata por la desobediencia. Por su propia naturaleza pecaminosa ellos van a desobedecer tanto cuando tengas tiempo de responder inmediatamente, como cuando estés ocupado y preferirías no corregirlos. Aun cuando sea inconveniente, debes estar preparado para aplicar las consecuencias apropiadas y enseñar lecciones importantes cuando tus niños te den motivos.

● **LEE** Génesis 18:19.

> ¿Por qué Dios escogió específicamente a Abraham? ¿Y qué debería hacer con relación a sus hijos?
>
> En general, ¿crees que la naturaleza de la cultura de los padres en el ámbito de tu comunidad es más disciplinaria o más permisiva? ¿Cómo impacta eso tu manera de criar?

Los niños se desarrollan mejor en una atmósfera de amor, respaldada por disciplina razonable y consistente. Tú estás a cargo, no debe haber confusión sobre la autoridad en la vida de tus niños. Tú no ejerces este control para ceder poder, alcanzar estatus o manipularlos. Tú eres una extensión de Dios en sus vidas para dirigirlos hacia lo que es correcto, santo y agradable a Él. Si estás comprometido con tu propia obediencia al llamado de Dios, con gusto aceptarás esta autoridad. Esto nace del amor abrumador que sientes por tus niños y del fuerte deseo de hacer lo que es mejor para ellos.

Fallar en disciplinar a tus niños es renunciar al rol y la responsabilidad que Dios te ha dado como padre. Es como si rechazaras intencionalmente Su plan específico para tu vida en favor de tu propia comodidad y facilidad.

DESAFÍO PARA LOS PADRES

ENTREVISTA A TUS NIÑOS. Pregúntales sobre la disciplina. Usa las siguientes preguntas como guía.

- ¿Cómo se sienten cuando los corregimos por ser desobedientes?
- ¿Entienden por qué los castigamos cuando rompen las reglas?
- ¿Entienden nuestras reglas y lo que esperamos de ustedes o se sorprenden algunas veces por las cosas por las que los corregimos?
- ¿Entienden que nuestra corrección significa que los amamos, o sienten como que estamos enojados y que los amamos menos cuando los disciplinamos?

Protege la puerta

REFLEXIONA

ARTICULA TUS PENSAMIENTOS. Completa las siguientes oraciones y considera cómo las usarías para explicar mejor la disciplina y las expectativas a tus niños. Todas las razones deben dar preferencia a Dios y Su Palabra sobre lo que es mejor para ellos.

- Escojo disciplinarte porque…
- Escojo disciplinarte porque…
- Escojo disciplinarte porque…

MEMORÍZALOS. Coloca estos versículos en un lugar prominente. Úsalos como un recordatorio de tu llamado, tu lugar y tu propósito como padre.

- Génesis 18:19
- Efesios 6:4
- Hebreos 12:11
- Proverbios 3:11-12

REFLEXIÓN PERSONAL

Establece límites por una razón. La disciplina que usas cuando los límites son rebasados es vital para criar niños que amen a Dios. Comprométete a una disciplina bíblica, consistente y con el propósito de entrenarlos para seguir a Dios y pasar la fe a la siguiente generación.

Elabora una lista de los objetivos que quieres alcanzar al disciplinar a tus niños.

Lee Hebreos 12:10 y Proverbios 3:11-12 una vez más. ¿Qué confirma cada uno de estos pasajes sobre la meta genuina de la disciplina de Dios?

1. Reggie Joiner, *Think Orange* (Colorado Springs: David C Cook, 2009), 69.
2. Ibid.
3. Tedd Tripp, *Shepherding a Child's Heart* (Wapwallopen, PA: Shepherd Press, 1995), 29.

SEMANA 2
EL SOL
SIEMPRE
SE PONE

CONECTA

● **COMIENCEN SU TIEMPO EN GRUPO** compartiendo lo que cada uno descubrió en su reflexión personal.

¿Cuándo fue la última vez que tuviste un argumento con alguien y estabas definitivamente en lo correcto? Tal vez fue un desacuerdo con tu niño, tal vez con tu cónyuge. Quizás argumentabas con tu vecino, compañero de trabajo, o amigo. Independientemente de la discusión, considera solo la última vez en que tuviste la razón.

>¿Cómo te manejaste en esa situación?

>¿Perdiste la calma y dijiste cosas que no querías decir?

>¿Terminaste disculpándote al final?

En cualquier situación, perder los estribos te hace perder el derecho a estar en lo correcto. ¿Entiendes este concepto? El enojo no es un pecado, pero dejar que el enojo controle tus acciones lo es. Cuando tu enojo sobrepasa lo mejor de ti, gana, y entonces tener la razón ya no importa.

En las incontables instancias en que disciplinaste a tus niños, probablemente tenías la razón en la mayoría de ellos.

- Antonio no debe pegarle a su hermana.
- Valeria no debe usar productos cosméticos sin permiso.
- Samuel debe terminar su tarea antes de jugar videojuegos.
- Elsa no debe hablarte en ese tono de voz.

Podrías añadir a esa pequeña lista de ejemplos. Disciplinar a un niño en cualquiera de esas circunstancias y muchas otras que vienen a la mente, es esencial. En esos momentos, tienes la razón para corregir el comportamiento y aplicar las consecuencias adecuadas. El problema viene cuando pierdes la calma y el enojo controla tus pensamientos, palabras y acciones.

MIRA

● **MIRA EL SEGMENTO 2** en el DVD del estudio y contesta las siguientes preguntas:

> Comenta ¿por qué el que tu niño responda obedientemente al enojo no logra un buen resultado?
>
> ¿Qué alternativas, además de la mencionada en el video, podrían ayudarte a evitar que te enojes?
>
> ¿Por qué es importante que mantengas control de tu niño y de tus emociones al mismo tiempo?

Cuando cedes al pecado por tu enojo y frustración, pierdes tu derecho a estar en lo correcto. En lugar de ser un padre que hizo cumplir las reglas, eres el padre que gritó. En vez de ser el padre que castigó a un niño mal portado, eres el padre que irritó a su niño y creó en él un miedo dañino.

> Haz una lista de expresiones de enojo a las que un padre recurre al tratar con niños.
>
> Marca aquellas en las que hayas caído como padre.

El enojo puede ser una emoción natural cuando tus niños dejan de obedecer. Puede ser tu primer sentimiento cuando ellos toman decisiones que no reflejan a Cristo o la manera en la que les has enseñado a vivir. El enojo es ciertamente natural, pero actuar en enojo debilita la disciplina. Disciplinar con enojo no ayuda a alcanzar el objetivo deseado. En esta sesión, vas a descubrir algunas verdades importantes sobre el enojo, así como aprenderás la importancia de mantenerlo bajo control cuando se trata de disciplinar.

El sol siempre se pone

PARTICIPA

● **CONTINÚA TU TIEMPO EN GRUPO** con esta guía de discusión.

Tener objetivos en la crianza es importante. Esforzarse por tener niños obedientes, cuidadosos y respetuosos vale la pena. Un punto clave, es no enfocarse demasiado en que tus niños obedezcan ciegamente. Se trata de que sean como Cristo. Del mismo modo, tu meta no debe ser hacerlos madurar, o que piensen y actúen como adultos, antes de que sean adultos. Ellos pueden ser niños como Cristo que te obedezcan sin perder su inocencia infantil. Por el contrario, otra actitud destructiva en la crianza es pasar por alto cualquier comportamiento inadecuado con la excusa de que "Bueno, ¡los niños son niños!"

> ¿De qué manera la cultura de hoy presiona a tus niños a ser perfectos (calificaciones, deportes, los medios de comunicación)?
>
> ¿En qué forma demandas perfección de tus niños? ¿Te encuentras mostrando enojo si los resultados no se ven de inmediato?

Mientras discutimos cómo responder a tus niños cuando la disciplina es necesaria, reflexiona en cómo respondiste a expresiones comunes de enojo. ¿Ves este tipo de palabras cuando tienes que corregir a tus niños? Veamos lo que dice la Biblia sobre ese tipo de amonestación.

● **LEE** Proverbios 15:1.

> ¿Cómo podría este versículo ser peligrosamente malinterpretado y llevar a los padres a no disciplinar?
>
> ¿Qué sabiduría ofrece este versículo sobre cómo hablar cuando disciplinas a tus niños?

Es importante saber la diferencia entre levantar la voz y gritar. El volumen define el valor de lo que se dice. No le pedirías a tu niño en voz baja que se aleje de la carretera cuando está demasiado cerca del tráfico. En este caso, gritas: "¡Cuidado!" sería completamente apropiado. Una voz elevada comunica algunas veces urgencia e importancia. No obstante, gritarle a tu niño por algo que ha hecho mal es completamente diferente.

El Dr. Jim Burns ofrece la siguiente opinión acerca de gritar:

> "Gritar aplasta y apaga el espíritu de tus niños. Mientras más gritas, menos te escuchan. El mensaje que tus niños reciben si estás gritando es que estás enojado con ellos; no van a entender el significado de tus palabras. Los padres que recurren a gritar encontrarán que no solo es molesto e irritante para sus hijos, sino también inefectivo".[1]

Existe una diferencia entre comportamiento incorrecto y comportamiento infantil. Ambos requieren disciplina. Ninguno justifica la exasperación. El problema con el enojo es que no motiva. No consigue el resultado deseado, sino que produce lo que ningún buen padre quiere jamás: un niño lastimado.

> ¿Alguna vez fuiste lastimado por el enojo de alguien? ¿Te motivó esto a cambiar o provocó enojo en ti mismo?
>
> ¿Es el enojo un pecado? ¿Por qué o por qué no?

● **LEE** Efesios 4:26.

La Biblia asume que nos vamos a enojar. No nos dice que el enojo es un pecado. Lo que hace, sin embargo, es instruirnos a no pecar a causa de nuestro enojo. El enojo en sí mismo no es pecaminoso. Los arrebatos y acusaciones que normalmente acompañan al enojo son pecaminosos y según Efesios 4, deben evitarse. El enojo es una emoción natural muy poderosa que debe ser controlada.

● **LEE** Santiago 1:19-20.

> ¿Cuáles son las cosas que tus niños hacen, o no hacen, que te producen enojo?

El sol siempre se pone

¿Cuántas de esas cosas llevarán a tus niños a la perdición si no se atienden? ¿Cuántas son molestas?

Si tu motivación detrás de la disciplina es corregir el comportamiento con el propósito de inculcar valores, ilustrar el amor y la justicia de Dios y mover a tus niños de la desobediencia a la obediencia, entonces el enojo no logrará ese propósito. La meta no es la obediencia por miedo, sino lograr una formación genuina de la voluntad de tus niños.

- **LEE** Números 14:18.

Combina el carácter de Dios expresado en Números 14:18 con la instrucción que se nos da en Santiago 1:19. Solo porque Dios es paciente y lento para enojarse, rico en amor y perdón, no significa que Él no castigue el pecado. Pasar por alto la maldad haría de Dios un hipócrita. Él reina en justicia completa y en amor completo. Como padres, debemos ser iguales: lentos para enojarnos y rápidos para mostrar amor y perdón.

- **LEE** Colosenses 3:8, 12-14.

¿Cómo luchas contra tus problemas de enojo?

En última instancia, el enojo solo sirve para revelar tu propio pecado. No corrige el comportamiento en tus niños. Cuando tu propio mal genio complica el disciplinarlos, ellos no podrán aprender la lección que deseas enseñarles. El enojo es la mejor oportunidad de Satanás para incitar una explosión en ti y así estropear tu manera de representar el amor y la justicia de Dios a tus niños. Él es doblemente efectivo cuando provoca que tropieces y previene que tus niños aprendan, todo por un temperamento fuera de control.

En realidad, la desobediencia a sus padres revela un problema entre el niño y Dios. Ese es el problema mayor. Más que hacerte enojar, esto debiera plantear inquietudes acerca de un problema mayor con respecto al corazón de tu niño y cómo está siendo formado. La disciplina, entonces, no es un ejercicio de corregir el comportamiento, sino de moldear a tu niño para que conozca y siga a Dios.

APRENDIZAJE PARA ESTA SEMANA

- Los arranques de ira hacen que pierdas el derecho a tener la razón y comprometen tus esfuerzos por disciplinar a tus niños.
- El enojo en sí mismo no es pecado, sino una emoción natural que debe ser calmada para que no tome el control.
- El mejor consejo de las Escrituras relacionado con el enojo es que seas lento para permitirlo y diligente para removerlo de tu vida, reemplazándolo con el carácter y amor de Dios.

Todos lidiamos con el enojo en mayor o menor grado. ¿Tú dirías que controlas tu enojo o tu enojo normalmente te controla a ti?

¿De cuáles arranques de ira necesitas arrepentirte y pedirle perdón a tus niños?

PARA CONCLUIR

OREN JUNTOS tomando decisiones informadas sobre quiénes Dios quiere que ustedes sean y comprométanse más profundamente a caminar con Él.

Amado Padre, somos personas pecadoras, completamente merecedoras de Tu enojo, pero recipientes de Tu amor y perdón. Aún en Tu disciplina, nos ofreces Tu misericordia. Enséñanos a hacer lo mismo por nuestros niños. En el nombre de Jesús... Amén.

REFLEXIONA

● **LEE Y COMPLETA** las actividades en esta sección antes de tu próxima reunión en grupo.

La sesión de grupo de esta semana posiblemente desenterró algunos sentimientos importantes relacionados al enojo. Todo el mundo tiene una experiencia con esta emoción. Seguramente tú estás familiarizado con tu propio enojo, o el enojo que alguien dirigió hacia ti. En cualquier caso, es una emoción mal entendida que a menudo deja una estela dramática de daños.

EL ENOJO DEL SEÑOR

Recuerda que el enojo no es pecado. Existen buenas razones para estar enojado. Algunas cosas deberían enojarte tanto que si no te sientes con la sangre hirviendo, algo debe andar mal. El Señor mismo exhibió momentos fuertes de enojo en las Escrituras.

● **LEE** las siguientes referencias y anota lo que causó que el Señor se enojara en cada pasaje.

    Números 32:10-13

    Deuteronomio 32:16-19

    1 Reyes 11:9-10

    2 Crónicas 36:16

Hay muchos otros ejemplos. En términos sencillos, Dios odia el pecado. ¿Qué clase de Dios sería si no lo hiciera? Dios está diametralmente opuesto a la maldad.

● **LEE** Salmos 7:11.

    ¿Qué revela este versículo sobre la naturaleza del enojo de Dios?

De manera muy clara Dios es justo, por lo tanto, Su enojo y cualquier manifestación del mismo están completamente justificados. Su naturaleza misma no permitiría la posibilidad de excusar el pecado y la iniquidad. De modo que en lugar de aceptarlo o excusarlo, en Su divino amor, Dios lo expió mediante la muerte de Su propio hijo. Afortunadamente para nosotros, el enojo del Señor es lento (ver Salmos 103:8), con frecuencia rechazado (ver Salmos 78:38) y al final satisfecho por la muerte de Jesús (Ver 1 Juan 4:10).

En el Antiguo Testamento, hubo muchos momentos donde la ira de Dios fue derramada sobre Su propio pueblo y también sobre los enemigos de Su pueblo para cumplir Su propósito (ver Éxodo 33:18-34:7; Deuteronomio 28:15-68; Números 16). Su ira fue derramada sobre todo el pecado. No existe duda acerca de la ira de Dios aún en nuestros días. Sin embargo, aunque Su justo enojo todavía arde contra el pecado y mientras las consecuencias todavía abundan en respuesta al pecado, la ira de Dios fue satisfecha por la cruz.

Reflexiona en el pecado del cual has sido perdonado. Toma un momento para entender el peso del enojo de Dios contra ti por tu pecado y la bendición de la misericordia de Dios hacia ti a través de Jesús.

TU ENOJO

● **LEE** Salmos 30:5 y Mateo 5:21:24.

¿Qué dice específicamente Salmos 30:5 sobre el enojo divino y el favor divino?

¿Qué es lo que te hace realmente enojar?

¿Qué te enseñan los versículos en Mateo sobre el enojo?

Permitir que el enojo controle tus acciones impide tu adoración. Jesús instruye al hombre a reconciliarse con la persona que agravió, antes de regresar a presentar su sacrificio a Dios.

Considera por un momento la relación que tienes con tus niños. ¿Acaso algún arranque de enojo —disfrazado hábilmente como tu método preferido de disciplina— ha exasperado a tus niños y los ha puesto en tu contra? En lugar de amarte y respetarte, ¿están ahora ellos obedeciéndote con un miedo no saludable debido a tu enojo contra ellos?

Si esto es así, la Biblia es clara. Tu adoración está debilitada. Jesús dice que detengas lo que estás haciendo para honrarlo y primero corrijas tus malas acciones con los que has dañado —incluyendo a tus niños—. No solo honras a Dios cuando admites que estás mal y restauras la comunión rota que tienes con Él, sino que también modelas ese comportamiento ante tus niños. Ellos aprenderán a arrepentirse de sus propias faltas al observarte en esos momentos en que tú confiesas las tuyas.

TODO LO QUE ENTRA TIENE QUE SALIR

LEE Lucas 6:43-45 y Filipenses 4:6-9.

> ¿Qué indica el pasaje en Lucas acerca del lugar de donde vienen las malas acciones y palabras en tu vida?

> ¿Cómo está la preocupación presente en tu vida como padre?

La preocupación lleva al enojo, mientras que el enojo no controlado puede enmascarar una profunda sensación de preocupación. ¿Sabías eso? ¿Puedes ver cómo una puede contribuir fácilmente a la otra? Cuando hay paz y confianza en tu corazón, estás lleno y no hay espacio para el enojo y la frustración.

Considera a la madre que está preocupada por el comportamiento de sus niños alrededor de otras madres. Hay una apariencia de la cual ella está constantemente preocupada por mostrar. ¿Qué pasa cuando sus niños no la ayudan a mantener esa apariencia? Ella se frustra y se enoja. Actúa con prisa, por temor y egoísmo, sin consideración a lo que está enseñando a sus niños en el proceso. La preocupación en este caso ha estallado ahora en ira.

Ahora, considera al padre que le grita constantemente a su hijo atleta desde las gradas. La expectativa del padre es que el niño mejore constantemente, nunca tenga malas rachas, ni nunca pierda un partido. ¿Cuál es su preocupación? El temor de que su niño no esté a la altura, ni llene sus expectativas. El temor de que su niño no triunfará en la vida. Un temor que proviene de su propio fracaso. El temor de que su niño termine como él. Y así, todos sus temores son ocultados a través de su comportamiento colérico.

La preocupación y el enojo no son ciertamente gemelos, pero son definitivamente primos de la misma línea familiar.

> ¿Qué tipo de cosas te preocupan?
>
> **Debido a tu necesidad de controlar esas cosas, ¿alguna vez se manifiesta en frustración severa o se enmascara en enojo? Explícate.**
>
> **Regresa al pasaje de Filipenses 4. De acuerdo al apóstol Pablo, ¿en qué debe enfocarse la gente en lugar de la preocupación y la duda?**

Considera por un momento tus propios arranques de enojo. ¿Te has llegado a preguntar por qué reaccionas de esa manera, especialmente cuando la mayoría de las cosas que te hacen enojar tal vez son insignificantes? ¿Por qué, por ejemplo, el residuo de pasta dental en el lavamanos te irrita tanto? ¿Por qué el levantarte tres veces antes de quedarte dormido provoca rabia en ti? Cuando se trata de la crianza de tus niños, criar a base de enojo y frustración nunca honra a Dios.

REFLEXIONA

REFLEXIÓN PERSONAL
• • •

Preguntar por qué reaccionas de esa manera al enojo que experimentas no solo es apropiado para tu niño sino también para ti como padre. Hacerlo te ayudará a llegar al fondo del asunto. Y, en última instancia, si la meta de disciplinar es formar el corazón del niño sin romper su espíritu, un padre necesita entender su propio corazón y el corazón de su niño.

Considera la lista de cosas que te hacen enojar. ¿Cuál es tu reacción natural cuando te enojas? Contesta las siguientes preguntas sobre las acciones que resultan típicamente a raíz de tu enojo.

¿En qué estado de ánimo te encontrabas?

¿Qué pasó que te hizo responder con enojo?

¿Cómo tu reacción de enojo mejoró —o no— la situación?

¿De qué otra manera pudiste haber respondido?

Cuando tus niños actúen inapropiadamente, enojándose, considera usar estas mismas preguntas con ellos. Estas cuatro preguntas sencillas te ayudan a entenderte y a entender mejor a tus niños. Entonces juntos, pueden pedirle a Dios que remueva el temor, la preocupación, la duda y el enojo de sus corazones, y que los llene con cosas buenas como amor, ánimo, paciencia y gozo.

---

1. Jim Burns, *Confident Parenting* (Bloomington: Bethany House Publishers, 2007), 132.

SEMANA 3

ESCOGE TU BATALLA CON EL FIN EN MENTE

CONECTA

● **COMIENCEN SU TIEMPO EN GRUPO** compartiendo lo que cada uno descubrió en su reflexión personal.

Algunos dicen que su meta más importante es hacer que sus niños sean felices. Así que la mejor estrategia para lograrlo es crear ambientes que cultiven la felicidad. Si una golosina los hace felices en el momento, les dan la golosina. Si hacen la tarea de la escuela los hace felices, les dan los mejores materiales.

Como padre, debes renunciar a la idea de que tu propósito es hacer que tus niños sean felices. Sí, habrá momentos en que la felicidad sea el producto de una buena crianza, pero definitivamente no es el objetivo final.

> En tu opinión, ¿cuál es el propósito de disciplinar a tus niños?

Uno también podría llegar a la conclusión de que tener niños educados que escuchan y obedecen sin reclamar, es la meta. Pero en realidad, ese es una felicidad derivada del objetivo. El propósito de disciplinar a tus niños no es hacerlos obedientes ciegos o sumisos, sino moverlos a ser como Cristo. Y como no puedes cambiar el corazón de tu niño, la mejor manera de crear en ellos un comportamiento semejante al de Cristo es modelar ese tipo de comportamiento en ellos.

Dios nos ha asignado la tarea de representarlo durante los años formativos de la crianza. Por eso es tan importante para nosotros el familiarizar a nuestros niños con las dos naturalezas predominantes de Dios: Su amor incomprensible y Su justicia.

> ¿Cómo luce el amor incomprensible de Dios?
>
> ¿Cómo luce la justicia de Dios?
>
> ¿Cómo podrías ilustrar ambos a tus niños a través de tus acciones?

Atrévete a disciplinar

MIRA

● **MIRA EL SEGMENTO 3** en el DVD del estudio y contesta las siguientes preguntas:

¿Alguna vez has usado un sistema similar al de los puntos de control que se mencionan en el video? Si es así, ¿viste un beneficio al usarlo?

Si no, ¿qué tipo de sistemas disciplinarios has usado?

¿Dónde te ubicas en las siguientes áreas con respecto a cómo aplicas la disciplina? Provee explicación con tus respuestas.

CONSECUENCIAS DISCIPLINARIAS

Emitida en el momento   Pre-determinada

ACCIÓN DISCIPLINARIA

La haces cumplir   Ofreces oportunidades adicionales

¿Qué es lo que más te sorprende de tus respuestas?

Escoge tu batalla con el fin en mente

PARTICIPA

- **CONTINÚA TU TIEMPO EN GRUPO** con esta guía de discusión.

    ¿Qué te hace feliz?

    Estas cosas que te hacen feliz, ¿te acercan también más a Cristo? ¿Por qué o por qué no?

Algunas cosas que enumeraste son probablemente muy familiares a tu relación con Cristo. Estas te llevan a profundizar en tu caminar con Él y a fortalecer tu resolución de seguirlo más intencionalmente. Estas, más que hacerte feliz te hacen gozoso. Sin embargo, otras cosas en tu lista son solo arreglos temporales. Te hacen feliz por un momento, pero cuando la relación, circunstancia, o sentimientos terminan o cambian, la felicidad se desvanece.

Ahora, ¿qué tal si te preguntaran si el dolor o el sufrimiento te hacen feliz? Sería una respuesta extraña si contestaras "sí". Pero aunque el dolor y el sufrimiento no proveen placer, pueden lograr algo en nosotros que nos trae un gran gozo.

- **LEE** Hebreos 12:6-7, 11.

    ¿Qué dicen estos versículos sobre la disciplina en términos de sufrimiento?

    ¿Puedes recordar algún momento de tu vida cuando experimentaste dolor y sufrimiento, pero que ahora en retrospectiva reconoces que fue la disciplina del Señor en ti?

- **LEE** Filipenses 3:8-10.

    De acuerdo a Pablo, ¿Cómo debemos ver este tipo o cualquier tipo de sufrimiento?

Una visión incorrecta de Dios sería que Él desea terminar todo sufrimiento y protegernos —a nosotros y a nuestros niños— de todo dolor. Por el contrario, Él nos invita a participar en el sufrimiento de Jesús. Otra visión incorrecta de Dios sería que Él está en el cielo sentado en un trono cósmico distribuyendo dolor, persiguiendo a los pecadores para castigarlos y sentir placer en la caída de ellos. El versículo 6 de Hebreos 12 dice que el Señor disciplina al que ama. El versículo 7 continúa explicando que cuando Dios disciplina a las personas, Él las trata como a Sus hijos.

> ¿Has experimentado disciplina por parte del Señor?
>
> ¿Cómo has visto pasos positivos en la vida de tu niño como resultado de la disciplina de parte del Señor o de tu parte?

El dolor es algo bueno. Los receptores de dolor en nuestro cuerpo envían mensajes a nuestro cerebro, lo que desencadena reacciones importantes. Si tocas algo caliente, el dolor causa que retires la mano y la sacudas. Si no sintieras dolor, podrías estar contento con dejar tu mano sobre una estufa caliente. El dolor es un mensaje de ayuda. La memoria del dolor nos recuerda el no repetir los mismos errores. Lo mismo sucede cuando experimentamos dolor emocional.

> ¿Cómo puede un enfoque saludable, al lidiar con el dolor emocional y el sufrimiento, ser bueno para tus niños?
>
> ¿Cómo el proteger a tus niños de niveles adecuados de dolor, podría ser perjudicial para ellos a largo plazo?

Algunas veces el ser demasiado cautelosos hace más daño que bien. Proteger a los niños del dolor en realidad puede tener un efecto adverso. Si los niños nunca experimentan dolor por la sobreprotección de los padres, nunca aprenderán a tomar decisiones sabias y a fin de cuentas no aprenderán a protegerse a sí mismos. Proteger a los niños de las consecuencias de sus acciones crea en ellos una actitud donde sus acciones no importan. Si bien el dolor y el sufrimiento son maestros importantes, las consecuencias son lecciones vitales.

● **LEE** Gálatas 6:7-10.

> Discutan como grupo el concepto de sembrar y segar. ¿Cómo ven el desempeño de esta verdad en el diario vivir?

Ciertamente hay una ley de causa y efecto presente en este mundo que Dios creó. Pero en realidad no es absoluta, al menos no en esta vida.

● **LEE** Romanos 9:14-15.

> ¿De qué maneras has experimentado la misericordia de Dios o la retención de consecuencias que merecías o Su recompensa de gracia que no merecías?

> ¿Por qué es importante que tus niños experimenten tanto la ley de sembrar y segar como la bendición inmerecida de la misericordia y la gracia de Dios?

Una vez más, el secreto está en el balance. No es saludable ser sobreprotector, o completamente permisivo. El estilo de crianza de Dios ejemplifica perfectamente este principio. En ocasiones Él nos permite caer, batallar y aprender por nuestra cuenta, pero Él está siempre ahí para levantarnos y mostrarnos su misericordia y compasión. Tú tendrás que descubrir cuándo rescatar a tu niño y cuándo mantenerte a distancia.

Criar bien implica tomar decisiones. Vale la pena pelear por algunas cosas. Cuando escojas tus batallas, escoge las que ayuden a tus niños a moverse hacia la santidad, no necesariamente hacia la felicidad. ¿Es más efectivo para tus niños el establecer límites o darles una dosis de misericordia? Como padre, estás llamado a demostrar el carácter de Dios a tus niños al enseñarles Su amor y Su justicia.

APRENDIZAJE PARA ESTA SEMANA
• • •

- A los niños se les debe demostrar el amor y la justicia de Dios.
- La disciplina consistente y aplicada adecuadamente les enseña un lado del carácter de Dios que ellos no verían de otra manera. Además, les ofrece un mejor entendimiento del concepto de sembrar y segar.
- Proteger a los niños de todo nivel de dolor y sufrimiento es, en última instancia, privarlos de que conozcan y confíen completamente en Dios.

Describe las maneras en que el mundo ve el dolor y el sufrimiento.

Considera la siguiente cita de C. S. Lewis:

"Podemos ignorar aún el placer. Pero el dolor insiste en ser atendido. Dios nos suspira en nuestros placeres, habla en nuestra conciencia, pero grita en nuestros dolores; es su megáfono para despertar a un mundo sordo".[1]

¿Cómo usas el sufrimiento como un momento propicio para la enseñanza?

PARA CONCLUIR
• • •

OREN JUNTOS pidiendo a Dios ayuda para encontrar un balance de misericordia y justicia para su disciplina.

Señor, Tu Palabra es una luz en nuestra senda para guiar nuestro camino, nos ayuda a entender el dolor y la dificultad en esta vida desde Tu perspectiva en lugar de la perspectiva del mundo. Ayúdanos a escoger sabiamente cómo disciplinar a nuestros niños. Ayúdanos a aprovechar las circunstancias, las buenas y las malas, para mostrarles más de Ti. Ayúdanos a disciplinarlos de modo que ellos te conozcan y te sigan. En el nombre de Jesús... Amén.

REFLEXIONA

● **LEE Y COMPLETA** las actividades en esta sección antes de tu próxima reunión en grupo.

Al comenzar esta sección, consulta las definiciones de disciplina, el verbo y disciplina, el sustantivo, en la página 7 de la introducción. Sin una, no puedes alcanzar o apreciar completamente la otra. Debes tener disciplina, el verbo con el fin de lograr disciplina, el nombre.

LA DISCIPLINA DEL DISCIPULADO

Proverbios 19:18 dice, "Castiga a tu hijo en tanto que hay esperanza; mas no se apresure tu alma para destruirlo". En los Evangelios, Jesús preguntó qué buen padre daría a su hijo una serpiente cuando este le pide un pescado (Ver Mateo 7:10). Mientras el mundo continúa promoviendo que los límites claros y la disciplina fuerte aplastan a un niño, la Palabra de Dios nos recuerda una y otra vez que no ejercer la disciplina apropiada es arruinar a un niño.

> Mira nuevamente las definiciones de disciplina. Escribe tu propia definición en ambos espacios a continuación:
>
> Disciplina, el verbo:
>
> Disciplina, el sustantivo:

Hay una palabra que la iglesia usa con frecuencia para describir el seguir a Jesús. Es una palabra que suena muy parecida a la palabra *disciplina*. ¿Puedes identificarla? Es *discipulado*.

La palabra *discípulo* es la palabra griega *mathetes* y significa literalmente *aprendiz*. Fue un distintivo común en los mundos judío y romano del Nuevo Testamento. Mientras que Jesús no fue el único líder con seguidores, la relación que Jesús tuvo con Sus discípulos es la que procuramos entender e imitar.

¿Qué significa la palabra discípulo para ti?

Pablo dijo en 1 Corintios 11:1, "Sed imitadores de mí, así como yo de Cristo". ¿Quién te hace ser más como Cristo?

Si la meta del creyente es ser como Cristo, ¿cuáles áreas sabes que debes mejorar para incorporar aspectos del carácter de Cristo en ti?

● **LEE** y memoriza Filipenses 2:1-5.

Este pasaje no solo debería ser el propósito de tu vida, sino tu propósito como padre para la vida de tu niño. Puede que en este pasaje haya o no cosas que necesiten ser atendidas en tu propio hogar. ¿Necesita ser controlada la rivalidad? ¿Necesita ser moderada la presunción? ¿Necesitas aumentar la humildad? ¿Necesita el servicio desinteresado tener más prioridad?

Escribe tres pasos que quisieras tomar como creyente y como padre para fomentar en tu hogar el ser como Cristo.

1.

2.

3.

DESARROLLA UN PLAN APROPIADO

Como padre que intenta ejecutar un modelo bíblico para disciplinar, tienes un sinnúmero de objetivos buenos en mente. Tu deseo es ayudar a tus niños a que aprendan a ser disciplinados en sus decisiones. Esto significa que debes usar disciplina, el verbo, si tus niños se salen de los límites que les has establecido. Esto significa también que debes equiparlos con las herramientas necesarias para vivir la disciplina, el sustantivo, mientras aprenden responsabilidad y autocontrol.

Lee los siguientes dos versículos y responde a las preguntas que acompañan a cada uno.

Los pensamientos son frustrados donde no hay consejo; más en la multitud de consejeros se afirman.
PROVERBIOS 15:22

Como padre que cría a hijos piadosos ¿A quién buscas para obtener sabiduría y consejos? Explica por qué escogiste a esta(s) persona(s).

Pero el generoso pensará generosidades, y por generosidades será exaltado.
ISAÍAS 32:8

Escribe dos listas abajo. Primero: todos los objetivos egoístas que un padre podría tener para disciplinar a sus niños. Segundo: todos los objetivos nobles de un padre que usa un modelo bíblico para disciplinar.

Lista 1: Lista 2:

Usa el espacio a continuación para identificar planes que te ayuden a alcanzar los objetivos en la segunda lista.

CONSEJOS PARA LOS PLANES

1. **NO REACCIONES EN EL CALOR DEL MOMENTO.** No realizas tu mejor planificación cuando estás tenso, estresado o enojado. Es mejor planificar cuando estás fuera de un dilema disciplinario, de modo que tus decisiones sean guiadas por una perspectiva correcta.

2. **TUS MEJORES PLANES DEBEN INCLUIR A TU CÓNYUGE.** Si ustedes dos no se ponen de acuerdo en los límites, estrategias y consecuencias ante la desobediencia, entonces su niño ya ganó. Si no están en la misma página, ya han cedido la batalla. Aún en una situación de copaternidad donde tú y tu pareja ya no están casados o involucrados, la unidad es esencial. Si tu niño está siendo criado también por un padrastro o madrastra, tú disminuyes la habilidad de este para ayudar si no están todos de acuerdo con el mismo plan.

3. **FUNDAMENTA TODOS TUS PLANES EN LAS ESCRITURAS.** Esto es importante. La sabiduría del mundo es valiosa solo si se sostiene en lo que la Biblia dice sobre la crianza de los niños. Compara las ideas que escuches, no importa cuán grandiosas parezcan, pasándolas por la prueba de fuego de las Escrituras. Tus planes deben reflejar la voluntad de Dios y tu deseo más profundo de honrarle a Él al mantenerte dentro de Su Palabra y Su voluntad.

4. **HAZ PROVISIONES PARA EL DOLOR Y EL FRACASO.** Tu plan de crianza no solo debe incluir disciplina —la cual puede ser dolorosa por un momento—, sino también una provisión para el dolor y el fracaso en la vida de tu niño. No le haces ningún favor a tu niño al protegerlo de toda decepción o dificultad.

● **LEE** 2 Corintios 12:9-10.

Algunos padres necesitan que se les recuerde que sus niños no son perfectos. Por más que te deleites en decirle a tu niño cuán especial o cuán único es, tu niño necesita saber también que es un pecador en necesidad de un Salvador. Existe una generación muy egoísta de jóvenes adultos entrando al mundo sintiéndose muy merecedores, porque han vivido

Escoge tu batalla con el fin en mente

REFLEXIONA

una vida muy segura, feliz y libre de problemas bajo la supervisión de padres que han movido montañas para girar el mundo alrededor de sus niños. Por favor, lee esto con cuidado: Tus niños son especiales. Están hechos de forma única y son maravillosamente dotados. Pero también necesitan desesperadamente a Jesús. Sin un entendimiento correcto de su necesidad abrumadora por un Salvador, no desarrollarán fe y un deseo de caminar con Cristo. Si la lucha es parte del proceso para que un niño crezca en fe y sea fuerte, los padres deben permitir —e inclusive provocar— decepciones y circunstancias apropiadas en las vidas de sus niños.

La disciplina va a causar resistencia y dolor, pero vale la pena. Como padre, tú eres el filtro que determina el nivel de dolor y sufrimiento que tu niño va a experimentar, así como la disciplina que recibirá en respuesta a su pecado. Tú puedes escoger protegerlo de cualquiera y de toda dificultad en esta vida, o puedes aprovechar el dolor para un propósito más grande, ayudarlo a que conozca a Dios. En ambos casos, hay un mayor bien a escoger. No es un camino fácil, pero es el que vale la pena caminar. Cuando sigues este camino, tu meta no es la felicidad. Tu meta es un niño que ame a Cristo.

REFLEXIÓN PERSONAL

Dedica tiempo esta semana para reflexionar en las siguientes preguntas:

¿Hay cosas a las que no has dicho "no" en el pasado pero que necesitas comenzar a decir "no" ahora? ¿Cuáles son?

Piensa en barreras u obstáculos que tienen el potencial de frustrar o impedir tus planes de disciplina consistente y de establecer un ejemplo Cristocéntrico. Escribe una lista de esas barreras a continuación.

1. C. S. Lewis, *The Problem of Pain* (New York: HarperCollins, 1940), 91.

SEMANA 4

CAMINAR
DIGNAMENTE

CONECTA

● **COMIENCEN SU TIEMPO EN GRUPO** compartiendo lo que cada uno descubrió en su reflexión personal.

Tú conoces la expresión: "De tal palo, tal astilla". Sin duda, tú posees ciertas características similares a las de tus padres. Algunas son físicas; tal vez tienes el color de cabello de tu madre o la nariz de tu padre. Otras son de comportamiento; quizás sacaste la puntualidad de tu padre o el sentido del humor de tu madre. Al comenzar esta última semana del estudio, considera las cosas buenas que tus padres te heredaron.

> Anota algunas cualidades o características positivas de tus padres que se reflejan también en ti.

> ¿Existen gustos, habilidades, características o atributos en ti que tus niños comparten también? Menciona algunos.

> Las contestaciones a estas preguntas, ¿te preocupan o te deleitan? Explica.

Las frutas no caen lejos de los árboles. Tú eres el producto de la gente y del lugar de donde provienes, te guste o no. Lo mismo ciertamente pasará con tus niños. Ellos modelarán a menudo tu comportamiento, llegando a convertirse en como tú eres, en lugar de como tú les enseñes que sean.

MIRA

- **MIRA EL SEGMENTO 4** en el DVD del estudio y contesta las siguientes preguntas:

    ¿Cómo te sentiste al escuchar la carta de la madre adoptiva?

    ¿Pudiste relacionarte de alguna manera con su dolor o más bien te sentiste aliviado por que tus problemas parecen ser más pequeños que los suyos?

    Recuérdate a ti mismo en el espacio de abajo por qué el amor es una parte tan importante en la disciplina y por qué la disciplina es una parte tan vital del amor.

    ¿Qué significa para ti el formar la voluntad de un niño, sin dañar su espíritu?

Caminar dignamente

PARTICIPA

● **CONTINÚA TU TIEMPO EN GRUPO** con esta guía de discusión.

Sin ahondar en las estadísticas desconcertantes de los padres ausentes, basta decir que muchos niños no tienen en el hogar los modelos adecuados a seguir. Tal vez creciste sin una imagen saludable del matrimonio o sin modelos favorables de masculinidad y femineidad bíblicos. Ciertamente tienes una excusa por las actitudes y comportamientos que se hayan desarrollado en ti como resultado; pero ten cuidado al asumir que esa excusa elimina tu responsabilidad. El amor transformador de Jesús y las instrucciones que se encuentran en la Palabra de Dios son más que suficientes para compensar la diferencia de lo que no recibiste en el hogar.

HOMBRES: La manera en que crezcan tus hijos en su trato hacia las mujeres va a estar basada en la manera en cómo te ven tratar a su madre. Tus acciones proveen un ejemplo, bueno o malo.

MUJERES: La manera en que tus hijas aprendan a respetarse a sí mismas y a sus futuros esposos van a estar basada en la forma en que te ven tratar a su padre. Tus acciones proveen un ejemplo, bueno o malo.

PADRES SOLTEROS: Sé consciente de la manera en que estás modelando respeto hacia el otro padre/madre. Esto no se da sin dificultad. Sin respeto del uno por el otro, aún en situaciones de divorcio, ustedes fallaran al no proveer un modelo correcto de respeto y por consiguiente fallaran en merecer el respeto adecuado por parte de sus hijos.

¿Cómo te hacen sentir estos pensamientos?

Sin importar si eres padre o madre soltera, o estás en una relación de matrimonio, ¿de qué maneras estás modelando los conceptos de respeto y sacrificio?

Cuando los niños aprenden a respetar a sus padres, aprenden también a respetar a otros fuera del hogar. La visión de un niño sobre la autoridad paternal viene a ser la piedra angular de su perspectiva sobre la autoridad en la escuela, los oficiales del orden público, empleadores y muchos otros. La relación padre-hijo es la primera y más importante interacción social que un jovencito tendrá y su entrenamiento en obediencia le ayudará a ser un adulto auto-disciplinado.

● **LEE** Salmos 145:1-2.

> ¿Qué enseñan estos dos versículos en cuanto al respeto al Señor?
>
> ¿Por qué es tan importante el concepto de "cada día" con relación al respeto?

Como creyente, tú obedeces y respetas al Señor y muestras respeto a los demás. Como un padre seguidor de Cristo, Dios te ha dado una posición de autoridad sobre tus niños y es tu deber enseñarles a obedecer. Es la responsabilidad de ellos obedecerte y respetarte.

● **LEE** Efesios 4:1.

> Discute lo que significa "que andéis como es digno de la vocación con que fuisteis llamados". ¿Qué significa "andar como es digno" con relación a tu vocación como padre?

Si quieres que tus niños respeten a los demás, debes demostrarlo en lugar de exigirlo. Si quieres que tus niños te respeten, debes ser digno de este. Vivir tu vida de una manera que merezca respeto no solo da una razón para que tus niños te lo ofrezcan, sino que inculca también en ellos la misma naturaleza que los hará merecedores de respeto.

● **LEE** Proverbios 20:7.

> Define *integridad*.

Caminar dignamente

¿Cómo se relacionan el respeto y la consistencia en tu vida como creyente?

● **LEE** Proverbios 22:6.

Reescribe este proverbio en tus propias palabras en este espacio y compártelo con tu grupo.

Hay tantos caminos por los que un niño podría ir, pero solo uno es el que debe ir: el camino de conocer y honrar al Señor. Como padre cristiano, tu deseo debe ser exponer a tus niños al amor de Jesús y edificar en ellos fe y amor por Cristo. Ellos están observando tu propia relación con el Señor. Recuerda que tus niños asocian con frecuencia su concepto de un Padre Celestial amoroso y justo, con la manera en que ven a sus padres terrenales.

Si mamá y papá no son dignos de respeto, tampoco lo serán su moral, sus valores y creencias, y tampoco su fe. En muchas maneras, la meta de criar es dejar ir. Un día tu niño no vivirá bajo la sombrilla de tu cuidado y supervisión. Debemos modelar el respeto a Dios y a los demás mientras nuestros niños son pequeños, de modo que ellos hagan lo mismo cuando vivan de manera independiente. Si el vivir una vida de respeto es valioso, entonces debe ser modelado, instruido, inculcado y reforzado adecuadamente a través de una disciplina amorosa y constante.

APRENDIZAJE PARA ESTA SEMANA

- Por la manera en que demuestras respeto, le provees a tus niños un ejemplo de cómo vivir o una excusa para no vivir correctamente ante Dios.
- La integridad en la disciplina es la mejor manera de modelar una vida respetuosa y un comportamiento de amor a Dios.
- La manera en que el respeto sea modelado a tus niños y captado por tus niños será la manera en que vivan respetuosamente como adultos.

¿Cuáles conceptos te impactaron como los más importantes a lo largo de todo este estudio?

¿Qué ideas parecen ser las más desafiantes?

¿Cuáles te motivan más?

PARA CONCLUIR

OREN JUNTOS para que Dios continúe permitiéndoles disciplinar bien.

> Padre Celestial, nos preocupamos menos por las batallas pequeñas que por la guerra mayor. Pero nos damos cuenta que las batallas pequeñas cuentan para la victoria total. Permítenos ser padres que se ocupen más por Tu Gloria que por la postura del mundo, más por la fe de nuestros niños que por sus circunstancias momentáneas, y más por Tu propósito para nuestras vidas que por nuestros planes. En el nombre de Jesús... Amén.

REFLEXIONA

● **LEE Y COMPLETA** las actividades en esta sección antes de tu próxima reunión en grupo.

EL COSTO DE NO DISCIPLINAR A TUS NIÑOS

● **LEE** 1 Samuel 2:12-17, 22-26.

La función de un sacerdote en la comunidad era ayudar a la gente a adorar al Señor. El sistema sacrificial establecido por Dios en la ley de Moisés definía claramente el papel de estos sacerdotes. Cuando los adoradores traían un sacrificio de carne, se designaba una porción la cual era entregada a los sacerdotes. (Ver Deuteronomio 18:3). Los hijos de Elí eran hombres malvados, no contentos con la cantidad indicada, así que tomaban más. De acuerdo a la ley, la grasa debía quemarse en el altar delante del Señor (ver Levítico 7:31), pero los hijos de Elí demandaron la grasa para ellos además de la porción adicional de carne sin cocer. Su pecado fue excesivamente grande ante Dios.

● **LEE** 1 Samuel 2:29.

Al rehusar tomar control sobre lo que sus hijos estaban haciendo, Elí perdonó esencialmente sus acciones. De haberlos removido de su posición y de la comunidad por sus pecados, las cosas hubieran terminado de manera diferente. De acuerdo al versículo 29, Dios vio este acto de paternidad permisiva como una violación directa a Su Palabra. Elí escogió a sus hijos sobre Dios ¡Un error grande!

> ¿De qué maneras tus niños mejoran su práctica de fe y adoración? ¿Cómo la perturban?

> ¿Sientes que condonas el pecado de tus hijos contra Dios con una actitud de tolerancia excesiva?

Atrévete a disciplinar

Examina el siguiente diagrama y lee las descripciones de Chip Ingram relacionadas a los múltiples tipos de crianza:

CASO DE ESTUDIO #1: EL REPORTE *REUBEN HILL MINNESOTA*

1. **PERMISIVOS** son padres temerosos
4. **AUTORITATIVOS** son padres con confraternidad
2. **NEGLIGENTES** son padres que abandonan
3. **AUTORITARIOS** son padres que contienden

Ejes: disciplina o control (0 a 100), amor (0 a 100)

1. **EL PADRE PERMISIVO.** El cuadrante superior izquierdo representa a los padres que son altos en amor pero bajos en disciplina. El estudio reveló que los padres permisivos tienden a producir niños con autoestima muy baja y sentimientos de inferioridad. Aunque los padres expresan mucho amor, la falta de límites deja a sus niños con un nivel alto de inseguridad. Estos padres son generalmente temerosos, con miedo de fracasar y dañar la psique de sus niños, de modo que nunca establecen límites. Los niños se siente muy amados pero a la vez inseguros de sí mismos.

2. **EL PADRE NEGLIGENTE.** El cuadrante inferior izquierdo pertenece a la peor de las cuatro combinaciones. Este tipo de padre no expresa mucho amor y tampoco le importa mucho disciplinar realmente. Sus niños tienden a crecer con poca o ninguna relación duradera con mamá o papá. La negligencia de los padres no es necesariamente intencional —ellos pueden simplemente estar en medio de sus propios traumas y caos, como una adicción o una situación de abuso—. Estos niños crecen con cicatrices emocionales profundas; su única esperanza es encontrar a Cristo y rodearse con modelos a seguir que amen a Dios.

Caminar dignamente

3. **EL PADRE AUTORITARIO.** Los padres que se presentan en el cuadrante inferior derecho no expresan bien su amor y afecto, pero son extremadamente disciplinarios. Crían niños con tendencia a la rebelión. Las expectativas siempre son altas y los "debes" o "no debes" abundan siempre, así que existe un fuerte sentido de seguridad. Pero este tipo de padre no está contento solo con ganar la guerra; ellos tienen que ganar también cada batalla. La comunicación entre padres y niños toma la forma de argumento y pelea. Los padres autoritarios exprimen a sus niños hasta que estos no ven la hora de dejar el hogar y tan pronto lo logran, se rebelan y rechazan potencialmente su fe por completo.

4. **EL PADRE AUTORITATIVO.** Los que alcanzan el cuadrante superior derecho proveen la mejor combinación de amor y disciplina. Este tipo de padre tiene autoridad —no una autoridad prepotente, sino una compasiva y firme a la vez—. Tienen límites claros y son también muy amorosos. Cada uno sabe quién está a cargo y existe una conexión entre padres y niños, una consideración que respeta y honra quién es el niño mientras que no compromete sus necesidades disciplinarias. El resultado es un niño con autoestima alta y equipado con habilidades buenas para afrontar la vida.[1]

¿Con cuál cuadrante te identificas más en relación a tu estilo de crianza?

Identifica los motivos o factores que te conducen a ese cuadrante.

Si el cuadrante #4 no es tu estilo primario, identifica qué actitudes dentro de ti te impiden moverte en esa dirección.

EL COSTO DE DISCIPLINAR A TUS NIÑOS

Nada en la vida es gratis aparte de la gracia salvadora de Jesucristo. De hecho, hay un costo implícito inmediatamente después que uno acepta a Cristo como Salvador personal. Cuando uno se convierte en un discípulo se requiere un sacrificio.

● **LEE** Mateo 16:24.

La cruz era un símbolo poderoso de la muerte. Era una forma horrible de ejecución pública. Jesús invitó a cualquiera que quisiera seguirlo a morir ¡Eso sí es un sacrificio!

¿Qué sacrificios has hecho con tal de seguir a Jesús?

¿Cuáles son los costos asociados a estar en el cuadrante 4 como un padre autoritativo?

Cuando se aplica adecuadamente, la disciplina amorosa ¡funciona! Esta estimula el afecto tierno, que es posible por el respeto mutuo entre un padre y un niño. También cierra la brecha que separa a los miembros de la familia para que se amen y confíen entre ellos. Permite que el Dios de nuestros antepasados pueda ser presentado a nuestros niños amados. Alienta a un niño a respetar a otras personas y a vivir como un ciudadano responsable y productivo. Pero como es de esperarse, hay un precio a pagar por estos beneficios: se requiere de valor, consistencia, convicción, diligencia y esfuerzo entusiasta. En resumen, uno debe atreverse a disciplinar en un ambiente de amor absoluto.

PREGUNTAS DE DESPEDIDA

Mientras concluye el tiempo de este estudio de cuatro semanas, considera las siguientes preguntas del tema de cada sesión.

1. ¿Cómo luce el disciplinar a tu niño con amor mientras deseas lo mejor para su vida?
2. ¿Qué próximo paso tomarías para continuar aprendiendo sobre cómo ser el mejor padre para tu niño y disciplinarlo de la manera más adecuada?
3. ¿Qué asuntos deben ser atendidos todavía en tu vida si vas a criar a tu niño de una manera bíblica sólida y con motivos enfocados en Dios?
4. ¿Cómo puedes compartir esto a otros padres? ¿Cómo puedes ofrecerles las mismas verdades que has obtenido de esta experiencia?

REFLEXIÓN PERSONAL

Consulta los aprendizajes clave de cada sesión en la siguiente página. Escoge el que más resuena contigo de cada semana y escríbelo a continuación.

....
....
....
....

Estas son verdades que se quedarán contigo. Pídele continuamente al Señor que fije tu corazón en lo que significa incorporar estas verdades en las decisiones diarias que tomes para criar hijos e hijas que se conviertan en hombres y mujeres que amen a Dios y caminen con Él.

---

1. Chip Ingram, "Effective Child Discipline," *Focus on the Family* (online), 2006 [citado el 2 de abril de 2014]. Disponible en la Internet *www.focusonthefamily.com*.

APRENDIZAJES CLAVE

SEMANA 1
- Los límites son para tu bien y el bien de tus niños.
- Lo mejor para tus niños es la consistente disciplina de Dios.
- La disciplina es una indicación del amor de Dios por ti, tal como la obediencia es una indicación de tu amor por Él.

SEMANA 2
- Los arranques de ira hacen que pierdas el derecho a tener la razón y comprometen tus esfuerzos por disciplinar a tus niños.
- El enojo en sí mismo no es pecado, sino una emoción natural que debe ser calmada para que no tome el control.
- El mejor consejo de las Escrituras relacionado al enojo es que seas lento para permitirlo y diligente para removerlo de tu vida, reemplazándolo con el carácter y amor de Dios.

SEMANA 3
- A los niños se les debe demostrar el amor y la justicia de Dios.
- La disciplina consistente y aplicada adecuadamente les enseña a tus niños un lado del carácter de Dios que ellos no verían de otra manera. Además, les ofrece un mejor entendimiento del concepto de sembrar y segar.
- Proteger a tus niños de todo nivel de dolor y sufrimiento es, en última instancia, restringirlos de que conozcan y confíen completamente en Dios.

SEMANA 4
- Por la manera como demuestras respeto, tú le provees a tus niños un ejemplo de cómo vivir o una excusa para no vivir correctamente ante Dios.
- La integridad en la disciplina es la mejor manera de modelar una vida respetuosa y un comportamiento de amor a Dios.
- La manera en que el respeto sea modelado a tus niños y captado por tus niños será la manera en que vivan respetuosamente como adultos.

NOTAS PARA EL LÍDER

Es hora de tener una aventura de liderazgo. No te preocupes, no tienes que tener todas las respuestas. Tu función es facilitar la discusión de grupo, mantener a los participantes en el tema cuando se desvíen, alentar a cada uno a compartir honesta y auténticamente y moderar a los que podrían dominar la conversación para asegurar que otros también tengan la oportunidad de expresarse y compartir.

Como facilitador, dedica tiempo a leer este estudio en su totalidad, tomando nota del orden y los requisitos para cada sesión. Mira también todos los videos. Y ora por el material, los futuros participantes y su tiempo juntos.

Tienes la opción de extender el estudio en grupo al exhibir las películas *Dare to Discipline* y *Your Legacy*. También puedes mantener el estudio en cuatro semanas al solo usar esta guía de estudio y el DVD. El estudio es fácil de adaptar a las necesidades del grupo.

Revisa con los participantes las secciones Cómo usar este estudio y Recomendaciones para grupos, de modo que todos estén al tanto de las mejores prácticas y los pasos de cada sesión. Entonces comiencen en la Semana 1.

Al establecer un horario para cada reunión, considera los siguientes tiempos sugeridos para cada actividad:

        1. Conecta — 10 minutos
        2. Mira — 15 minutos
        3. Participa — 35 minutos

Asegúrate de que haya tiempo suficiente en cada sesión para mostrar el segmento del video correspondiente. Todos los segmentos duran aproximadamente ocho minutos o menos. La sección Reflexiona se refiere al estudio en el hogar o actividades a realizarse entre cada sesión de grupo.

A partir de la sesión 2, anima a tu grupo a compartir sus experiencias de la sección Reflexiona (estudio en el hogar) de la semana anterior. Usualmente, por lo menos una pregunta de Conecta permite esta interacción. Conversar sobre las actividades de la semana anterior alienta a los participantes a estudiar por su cuenta y a estar listos para compartir con su grupo durante la siguiente sesión.

A medida que el estudio llega a su fin, considera algunas maneras para que el grupo se mantenga en contacto. Puede haber estudios adicionales de interés para ellos. Tal vez algunos se interesen por conocer más sobre tu iglesia o ministerios.

Ocasionalmente, algún miembro del grupo podría tener necesidades que van más allá de la esfera de apoyo del grupo pequeño. Si alguien puede ser servido mejor por el cuerpo pastoral de tu iglesia o un consejero profesional, por favor haz una lista de profesionales para ofrecerla a esta persona en forma privada, guiándola al camino de la recuperación con la ayuda de un pastor o consejero calificado.

Usa el espacio de abajo para tomar notas o identificar páginas específicas y preguntas que te gustaría discutir cada semana con tu grupo pequeño basadas en sus necesidades y etapas de la vida.

PRESENTANDO CRISTO A TU NIÑO

Tu vocación y privilegio más significativos como padre es presentarle Cristo a tu niño. Una buena manera de comenzar la conversación es contarle sobre tu propio viaje de fe.

Abajo aparece una simple presentación del Evangelio que puedes compartir con tu niño. Define cualquier concepto que no entienda y habla más al respecto, dejando que el Espíritu Santo guíe tus palabras y permitiendo que tu niño haga preguntas y contribuya a la conversación.

DIOS REINA. La Biblia nos dice que Dios creo todo, y Él está a cargo de todo. (Ver Génesis 1:1; Colosenses 1:16-17; Apocalipsis 4:11).

NOSOTROS PECAMOS. Todos nosotros escogemos desobedecer a Dios. La Biblia le llama a esto pecado. El pecado nos separa de Dios y merece el castigo de muerte. (Ver Romanos 3:23; 6:23).

DIOS PROVEYÓ. Dios envió a Jesús, la solución perfecta para nuestro problema con el pecado, para rescatarnos del castigo que merecemos. Es algo que nosotros, como pecadores, nunca podríamos ganar por nuestra propia cuenta. Solo Jesús nos salva. (Ver Juan 3:16; Efesios 2:8-9).

JESÚS DA. Él vivió una vida perfecta, murió en la cruz por nuestros pecados, y resucitó. Debido a que Jesús dio Su vida por nosotros, podemos ser bienvenidos a la familia de Dios por toda la eternidad. Este es el mejor regalo. (Ver Romanos 5:8; 2 Corintios 5:21; Efesios 2:8-9; 1 Pedro 3:18).

NOSOTROS RESPONDEMOS. Cree en tu corazón que solamente Jesús te salva mediante lo que Él ya hizo en la cruz. Arrepiéntete de tus pecados. Dile a Dios y a otros que tu fe está en Jesús. (Ver Juan 14:6; Romanos 10:9-10, 13).

Si tu niño está listo para responder, explícale lo que significa que Jesús sea el Señor de su vida. Dirige a tu niño en un tiempo de oración para arrepentirse y expresar su fe en Jesús. Si tu niño responde en fe, ¡celebra! Ahora tienes la oportunidad de discipular a tu niño para que sea más como Cristo.

NOTAS

NOTAS

Directorio para el grupo

NOMBRE   **CORREO ELECTRÓNICO**   **TELÉFONO**